글쓴이 김슬옹

훈민정음 전공 국어사학자이자 한글 운동가로,
우리나라뿐 아니라 전 세계에 한글을 바로 알리는 일에 앞장서고 있어요.
그 공로를 인정받아 제9회 대한민국 한류대상, 40회 세종문화상(학술) 대통령상,
삼일운동 100주년 기념 국가대표 33인상 등을 받았고,
2020년에는 《훈민정음》 해례본만의 순수 연구로
연세대 국어국문학과에서 세 번째 박사학위를 받았습니다.
그동안 어린이들의 한글 깨침을 돕는 〈위대한 세종 한글〉 시리즈를 비롯해
《세종, 한글로 세상을 바꾸다》《한글을 지킨 사람들》 등
108권(공저 70권)의 책과 140여 편의 학술 논문을 발표했습니다.

그린이 이형진

그림 그리기를 좋아하는 어린 시절을 거쳐
만화에 푹 빠진 청소년으로 살다가 대학에서 산업 미술을 공부했습니다.
졸업한 다음에는 어린이 책에 그림도 그리고 글도 쓰기 시작했습니다.
30년이 지난 지금도 책 만들기를 즐기며 살고 있습니다.
《태극기는 참 쉽다》《끝지》《비단 치마》《흥부네 똥개》를 쓰고 그렸고,
〈알고 보니 통합 지식〉 시리즈와 〈코앞의 과학〉 시리즈에
글도 쓰고 그림도 그렸습니다.

세상을 바꾼 그때 그곳으로 9
1443~1446년 한국 훈민정음 창제부터 반포까지

하마터면 한글이 없어질 뻔했어!

김슬옹 글 이형진 그림

한울림어린이

'들키는 날에는 죽은 목숨이야!'
1443년 12월 어느 아침, 사정전
일월오봉도 뒤에는 주자소 심부름꾼 오복이가
숨도 쉬지 못하고 숨어 있었어요.

*사정전: 조선시대 임금과 신하들이 회의하는 곳

'몰래 어좌를 보러 오는 게 아닌데!'
심장이 튀어나올 듯 쿵쾅거리고 식은땀이 비 오듯 쏟아졌어요.
눈앞이 가물가물… 금방이라도 정신을 잃을 것만 같았죠.
바로 그때, 임금님의 묵직하고 힘 있는 목소리가 들려왔어요.
"28자만 알면 누구나 소리 나는 모든 말을 쓰고 읽을 수 있소…
백성을 위한 문자요, 백성을 가르치는 바른 소리이니,
이 새로운 문자를 훈민정음이라 하겠소."

"!!!"
놀란 눈빛과 외마디 수군거림이 사정전을 가득 채웠어요.
새 문자라니!!!

*어좌: 임금이 앉는 의자

'누구나 쓰고 읽을 수 있는… 문자?'
오복이는 뭔가에 맞은 듯 멍해졌어요.
여기가 어딘지조차 까맣게 잊고 말았죠.
오복이는 몇 달 전 그 일을 떠올리고 있었어요.

"나리, 빌린 건 열 냥인데 어찌 서른 냥을 달라십니까?"
아버지는 박생원 앞에 무릎을 꿇고 빌었어요.
"이놈이, 여기 손도장을 떡하니 찍어 놓고 감히 거짓말을 해!"

종이 위 검은 글자들의 힘은 어마어마했어요.
오복이네는 집을 빼앗겼고 식구들은 뿔뿔이 흩어져야 했죠.
아버지는 가슴을 쳤지만 글을 모르니 따질 수도 없었어요.

사정전에서 돌아온 다음에도 오복이는 멍하니 생각에 잠기곤 했어요.
'새로운 문자를 알면… 글을 읽고 쓸 수 있고… 그러면…
어머니랑 아버지, 여동생이랑 함께 살고… 어쩌면 나도 과거시험을….'

"얼른 일 안 해!"
오늘도 오복이는 영감님 호통에 퍼뜩 정신을 차렸어요.
하지만 주자소에 도착한 새 활자들을 보고 또다시 멍해지고 말았죠.
그림 같기도, 선 같기도, 점 같기도 한 오묘한 모양.
사정전에서 얼핏 보았던 새로운 문자가 분명했어요!

"기키끼, 니디티띠리…"

"오아우어, 요야유여…."

"오요, 아야, 우유, 어여…."

며칠이 지나자 궁 안 곳곳에서 훈민정음을 익히는 소리가 들려왔어요.

글을 읽고 쓸 수 있다니!

오복이는 날마다 꿈을 꾸는 것만 같았어요.

놀랍게도 보름쯤 지나자 주자소를 오가는 많은 사람들이

훈민정음을 읽고 쓸 줄 알았죠!

하지만 양반들은 새 문자 훈민정음을 좋아하지 않았어요.
훈민정음 이야기가 나오면 대신들은 잔뜩 화를 내곤 했어요.
기어코 임금님의 책상에는 힘 있는 양반들의
훈민정음을 반대하는 상소문이 올라왔어요.

"앞으로 새 문자와 관련된 모든 일은 비밀이어야 한다.
심부름 다닐 땐 대감님들 눈에 띄지 않도록 특히 조심하거라."
주자소 영감님은 걱정에 잠긴 얼굴로 말했어요.
"왜 대감님들은 훈민정음을 싫어하셔요?"
오복이 물음에 영감님은 쓸쓸한 미소를 지었어요.
"무지하고 천한 백성들이 글을 읽는다니, 받아들일 수 없는 게지…."
오복이는 이해할 수 없었어요.
왜 백성 모두가 글을 알면 안 될까요?
한편으로는 덜컥 겁이 났어요.
'대감님들이 훈민정음을 없애 버리면 어쩌지?'
오복이는 걱정스러운 마음에 잠을 설치곤 했어요.

그러던 어느 날이었어요.

쾌지나칭칭나네~ 쾌지나칭칭나네~

아리랑~ 아리랑~ 아라리요~

오복이는 자신의 귀를 의심했어요. 궁 안에 악사들의 궁중음악 대신,
장터에서 듣던 민요가 울려 퍼지고 있었거든요!
이상한 일은 이뿐만이 아니었어요.

아리랑 아리랑 아라리요 아리랑 고개로 넘어간다

쾌지나 칭칭 나네 쾌지나 칭칭 나네

로다 꿈이로다 모두가 꿈이로다

이내 한 말 들어 보소

궁녀들은 모이기만 하면 임금님 이야기를 했어요.
누구라도 고개를 갸웃거릴 얘기를요.
"너에게도 물으셨어? '닭은 어찌 우느냐? 소리를 내 보거라.'
'개는 어찌 우느냐? 소리를 내 보거라'…"
"맞아! 나에게는 다듬잇돌 소리랑 달구지 소리를 물으셨어."
"말도 마. 김 내시님은 푸드득, 홰홰, 콕콕콕… 하루 종일 새 몸짓을 흉내 내셨다는걸."
"어마낫! 하하하하…."
오복이 마음에서 조금씩 걱정이 사라지기 시작했어요.
'이 모든 소리를 쓰고 읽을 수 있는 훈민정음은 없어지지 않을 거야….'

집현전에 심부름을 갔다가 소스라치게 놀라는 날도 있었어요.

"으악! 이게 뭐예요? 사람 얼굴에 웬 낫이 있어요?"

학사님은 빙그레 웃으며 말했어요.

"녀석, 훈민정음 ㄱ 아니냐. ㄱ 소리를 낼 때 혀와 목구멍 모양을 그린 거란다.

ㄱ뿐 아니야. ㄴ ㄷ ㄹ …

훈민정음 자음들은 모두 입, 혀, 목구멍 모양을 따서 만들었단다."

"네? 모, 목을 따요?"

새파랗게 겁에 질린 오복이를 두고 학사님은 바쁘게 걸어가며 소리쳤어요.

"걱정 마라, 네 목구멍 모양은 벌써 땄으니까. 그동안 배운 글자들을 잘 생각해 보렴!"

'가, 각, 악…' 입속으로 하나씩 글자들을 말해 보던 오복이 눈이 점점 커다래졌어요.

놀라운 깨달음과 벅찬 감동으로 오복이 눈빛은 별처럼 빛나고 있었죠.

하지만 신하들의 반대는 점점 거세지기만 했어요.
"이것은 천 년 동안 이어져 온 학문을 무시하는 일입니다!"
"무지한 백성이 글을 알면 악한 글이 넘쳐나 결국 나라가 혼란에 빠질 것입니다!"
"백성들이 죄를 짓는 것은 글을 몰라서가 아닙니다. 본디 천하고 악하기 때문입니다!"
결국 임금님은 사정전이 쩌렁쩌렁 울리도록 화를 냈어요.
"백성이 천하고 악하여 가르칠 필요조차 없다면, 그대는 왜 관리가 되었는가!
그저 군림하기 위해서인가!!!"
이날, 훈민정음을 반대하던 학자들은 모두 감옥에 갇혔어요.
이 일로 궁 안은 하루 종일 떠들썩했죠.

하지만 다음 날, 임금님은 학자들을 모두 풀어 주었어요.
오히려 주자소가 문을 닫았고, 왕자들은 더 이상 훈민정음을 가르치지 않았어요.
"다시는 새 글자를 입에 올리지 말거라."
주자소 영감님이 말했어요.
오복이는 훈민정음을 반대하는 양반들도,
임금님도, 주자소 영감님도 모두 원망스럽기만 했어요.

> 뿌리가 깊은 나무는 바람에 아니 흔들리며
> 샘이 깊은 물은 가뭄에 아니 그치노라

오복이는 언젠가부터 이 노래를 따라 부르곤 했어요.
훈민정음으로 지은 첫 번째 노래 〈용비어천가〉였지요.
오복이는 자꾸자꾸 노래했어요.
훈민정음이 사라지지 않기를,
노래처럼 널리널리 퍼져 나가기를 바라고 또 바라면서요.

흙바닥에 훈민정음을 쓰고 지우며 시간을 보내던 어느 날이었어요.
'이 문자를 모두가 읽고 쓸 수 있다면….'
멍하니 생각에 잠겨 있던 오복이는 소스라치게 놀랐어요.
처음 보는 선비님이 오복이가 쓴 글자들을 보고 있었거든요.
눈만 껌벅이는 오복이에게 선비님은 인자한 미소를 지었어요.
"너는 이 글자가 좋으냐?"
"예, 쉽고 재미납니다. 생각을 마음껏 적을 수 있으니 좋습니다."
불쑥 대답하고 만 오복이는 덜컥 겁이 났어요.
'다시는 새 글자를 입에 올리지 말랬는데! 어쩌지…?'
이런 오복이 마음을 다 안다는 듯,
선비님은 묵직하고 힘 있는 목소리로 말했어요.
"백성 모두가 글을 읽고 쓰는 날은 반드시 올 게다."
울컥 눈물이 날 것만 같았어요. 오복이는 붉어진 눈으로
왠지 낯익은 선비님 뒷모습을 한참 동안 바라보고 서 있었지요.

얼마 지나지 않아 글자를 새기는 각수가 임금님이 머무는 처소와
집현전을 오간다는 소식이 들려왔어요.
그리고 다시 주자소에 환하게 불이 밝혀졌어요.
주자소와 집현전 일을 돕는 모든 심부름꾼들은 교대로 밤샘 일을 해야 했죠.
"대체 언제까지 이렇게 일해야 해?"
불평하는 사람들도 있었지만 오복이는 마냥 좋기만 했어요.
활자들 속에 언뜻언뜻 새 문자 훈민정음이 보였거든요.

1446년 늦여름, 주자소에서는
임금님이 직접 쓰신 책 인쇄가 한창이었어요.
'훈민정음… ㄱ ㅋ ㄲ …'
오복이는 잘 마른 종이를 모아 순서대로 묶으려다가 눈을 휘둥그레 떴어요.
종이 위에 그날 선비님이 눈여겨보던,
오복이가 흙바닥에 쓴 낱말들이 적혀 있었거든요!
"올챙이, 두꺼비, 뱀, 범, 콩…!!
설마… 그럼… 그때 그 선비님이 임금님??!!!"

1446년 10월 9일, 정식으로 훈민정음이 반포되었어요.
수많은 신하들의 반대에 부딪혀 없어질 뻔했던 문자가,
모두의 눈을 뜨게 해 줄 문자가 세상에 나온 날이었죠!
기대와 기쁨으로, 오복이 가슴은 3년 전 그날처럼 뛰기 시작했어요.

없어질 뻔한 한글 이야기

한글은 전 세계에서 가장 과학적이고 창의적인 문자이자 우리 민족 최고의 문화유산이에요.
하지만 처음부터 한글이 모두에게 사랑 받은 건 아니랍니다.
1443년에 완성되고도 1446년에야 세상에 나올 수 있었던 한글의 숨겨진 역사를 알아볼까요?

1443년 한글 창제

조선의 네 번째 임금 세종은 책을 좋아하는 사람이었어요.
선조들의 가르침, 생활에 도움이 되는 실용적인 정보, 올바른 생활 태도 등
책에서 수많은 것들을 배웠죠. 세종은 백성들도 책을 읽고 많은 것을 배우기를 바랐어요.
하지만 한자는 너무 어려웠고, 중국말과 우리말이 다른 탓에 정확한 뜻을 전달하기도 어려웠어요.
세종은 백성을 위한 글자를 만들어야겠다고 생각했죠.
1443년 겨울, 세종은 10여 년을 연구하고 준비한 끝에 만든 새 문자를 신하들에게 소개했어요.
28자만 알면 누구나 우리 말소리를 그대로 쓰고 또 읽을 수 있는,
과학적이고 창의적인 문자 '훈민정음(한글)'이었어요!
훈민정음이란 이름에는 '백성을 가르치는 바른 소리'라는 뜻이 담겨 있었죠.

한글을 반대합니다!

하지만 새 문자를 반기는 신하는 거의 없었어요. 양반들에게 '한자'는 곧 권력이었으니까요.
누구나 읽고 쓸 수 있는 훈민정음의 등장은 양반들에게 커다란 위협이었어요.
집현전 고위직 관리였던 최만리 등 일곱 명은 훈민정음을 반대하는 상소문을 올렸어요.
고귀한 양반과 천한 백성이 같은 글자를 읽고 쓰다니, 있을 수 없는 일이라고 했어요.
무지한 백성들이 악한 글을 써서 사회를 위태롭게 만들 거라고 했어요.
천 년 넘게 이어져 온 학문의 뿌리를 뒤흔들어서는 안 된다고도 했죠.
훈민정음은 궁 밖으로 나와 보지도 못한 채
없어질 위기를 맞았어요.

한글 반포를 위한 노력

세종은 백성 모두에게 훈민정음을 널리 알리고 또 쓰이도록 만들 방법을 찾기 시작했어요.

백성들 말모이

세종은 전국에서 민요 부르는 사람들을 불러들였어요.
궁 밖에서 백성들이 쓰는 말,
전국 사투리까지 두루 듣기 위해서였어요.
이 밖에도 세종은 궁녀와 내시들을 불러 각종 동물과
사물의 소리와 몸짓을 나타내는 말들을 묻고 또 물었고,
훈민정음으로 써 보면서 부족한 부분을 보완해 나갔어요.

궁인들에게 한글 보급

한편으로 세종은 궁 안의 궁녀와 내시,
하급 관리들에게 훈민정음을 가르치고 써 보도록 했어요.
왕자들이 가르치는 일을 맡았죠.

한글 책과 노래 제작

세종은 백성들에게 널리 퍼뜨릴 훈민정음 노래 〈용비어천가〉를 만들라는 명을 내리기도 했어요.
또 불교 이야기 《석보상절》을 훈민정음으로 펴내어, 전국의 절을 통해 널리 퍼져 나가게 했죠.

《훈민정음》해례본 집필

한편으로, 세종은 양반들을 설득할 책을 만들기 시작했어요.
우리가 《훈민정음》해례본이라고 부르는 이 책은
훈민정음을 만든 목적과 근본 뜻, 역사적 의미, 창제 원리를 담아
세종이 직접 지은 정음편(예의편)과
집현전 학사 여덟 명이 운용 방법과 활용 예를 적은
정음해례편(해례편)으로 이루어져 있어요.

우리가 많이 들어 알고 있는 '나랏말쓰미'로 시작되는 부분은
세종이 지은 정음편을 훈민정음으로 번역하고 풀이한 책으로,
지금까지 전해지는 가장 오래된 판본은
1459년(세조5년)에 간행된 〈월인석보〉 앞머리에 실린 것이랍니다.
여기에는 우리말에 적합한 새 문자를 만든다는 자주정신,
글을 몰라 어려움을 겪는 백성들이 마음껏 소통할 수 있도록 하려는 애민정신,
쉽게 익히고 활용할 수 있도록 하는 실용정신이 두루 담겨 있어요.
《훈민정음》 해례본은 한글의 보편적 가치와 우수성을 증명하는 소중한 기록유산으로
1962년 대한민국 국보 제70호로 지정되었고
1997년에는 유네스코 세계기록유산으로 등재되었답니다.

1446년 한글 반포

3년여의 준비 기간을 거쳐 1446년 10월, 마침내 훈민정음이 공식적으로 세상에 알려졌어요.
《훈민정음》 해례본도 함께 배포되었죠. 훈민정음은 기념식 하나 없이 아주 조용히 세상에 나왔답니다.
이후에도 세종은 훈민정음을 국가 시험 과목으로 채택하고,
공문서를 훈민정음으로 발행하는 등 훈민정음이 널리 알려질 수 있도록 애썼어요.
그렇게 힘쓴 덕분에 훈민정음은 여성과 아이, 백성들 사이로 퍼져 나가기 시작했죠.
바깥출입이 자유롭지 못하던 여성들은 훈민정음으로 쓴 편지를 주고받으며 소식을 전했고,
백성들은 벽보를 써서 억울한 일을 알리기까지 했어요.
그 밖에도 백성들은 전염병을 알리는 공문을 알아볼 수 있었고,
농사 기술을 비롯해 실생활에 도움이 되는
지식들을 읽고 익힐 수 있었어요.
훈민정음을 알게 된 후로
백성들의 삶은 크게 나아졌답니다!

위기의 한글을 지켜낸 사람들

하지만 조선 후기까지도 훈민정음은 여성과 신분이 낮은 백성들이 쓰는 글자로만 여겨졌어요.
세종이 죽고 나자 지배층들은 훈민정음을 한자보다 못한 문자라며 깔보았죠.
일제강점기 민족말살정책까지 겪으면서 우리 말과 글은 영영 없어질 뻔한 위기를 맞아요.
하지만 조선시대 수많은 부녀자와 백성들이 그러했듯,
일제강점기에는 이름없는 수많은 시민들이 우리 말과 글을 지켜 왔어요.
특히 최초로 한글 전용 교과서를 펴낸 헐버트 선생, 우리 말글 빛내기의 중시조 주시경 선생,
우리말로 독립신문을 발행한 서재필 선생, 일제강점기와 한국전쟁 속에서도
《훈민정음》해례본을 지켜낸 전형필 선생 곁에는 온 마음을 다해
한글을 배우고 가르치며 살아간 수많은 사람들이 있었답니다.
1929년부터 1942년까지 편찬된 '조선말 큰사전'은 조선어학회 소속 한글학자들뿐 아니라
전국 각지에서 사투리와 우리말 자료를 모아 학회로 보내 온,
수많은 시민들이 있기에 만들어질 수 있었어요.

한글을 보호하고 가꿔 나가는 일

한글은 애민의식에서 만들어져 일제강점기와 한국전쟁을 거치면서도
그 뿌리를 잃지 않은 소중한 문자예요.
더 나은 내일을 위해 한글을 만들고 또 지켜낸 선조들의 노력과 지혜 덕분에
우리는 고유의 말과 글을 가진 전 세계 몇 안 되는 나라의 국민으로,
가장 뛰어난 문자를 가진 민족으로 오늘을 살아가고 있죠.
한글의 위상은 날로 높아지고 있어요. 한류의 중심에서 한글은 단순한 글자가 아닌,
세계시민의 꿈과 감성을 불러일으키는 문화예술의 기반으로서 기능하고 있어요.
소중하고 자랑스러운 우리의 문자 한글을 바르게 알고 가꾸며 세계시민들과 함께 나누는 일은
내일을 이끌어 나갈 민주시민으로서 우리가 마땅히 해야 할 일일 거예요.

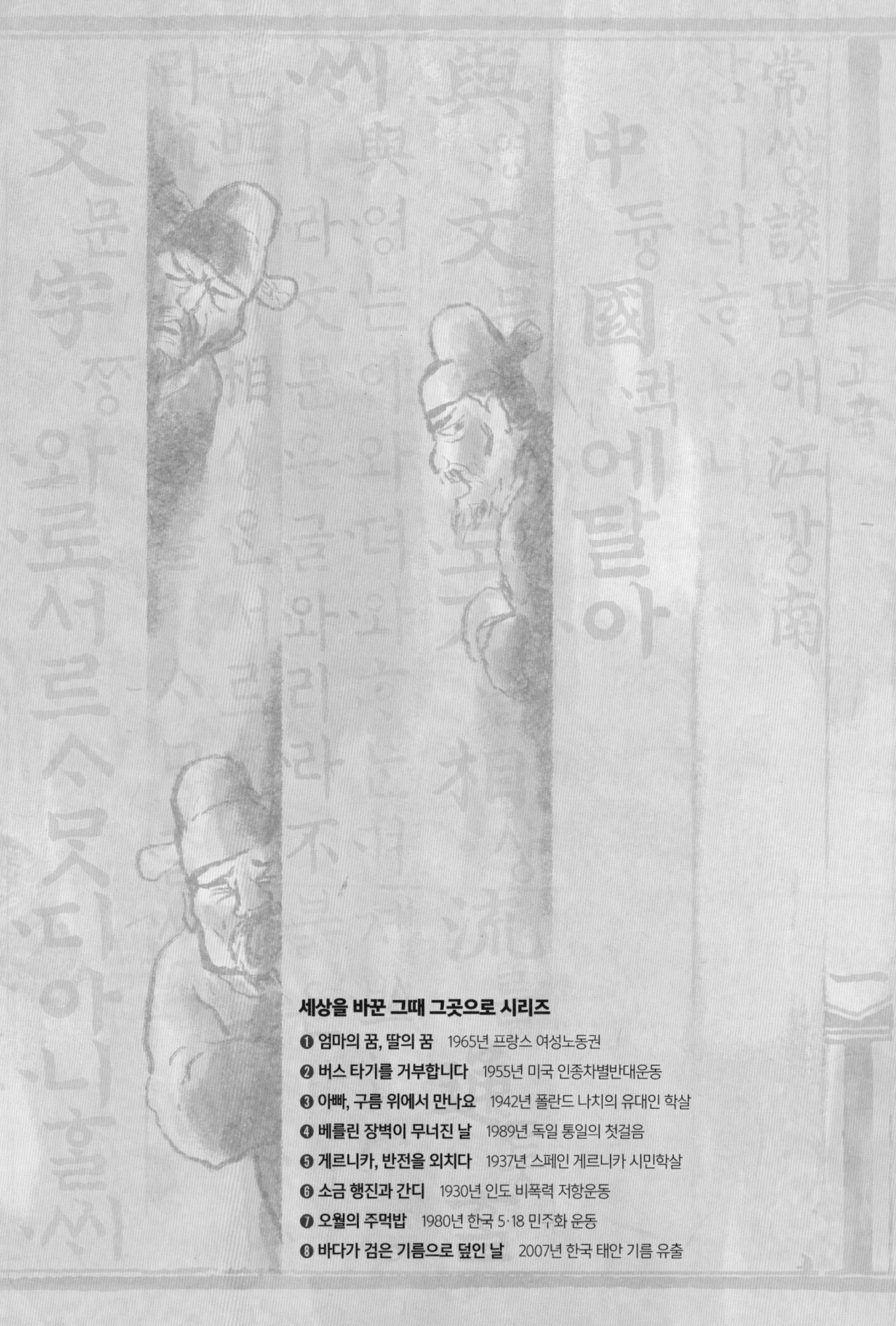

세상을 바꾼 그때 그곳으로 시리즈

❶ 엄마의 꿈, 딸의 꿈   1965년 프랑스 여성노동권
❷ 버스 타기를 거부합니다   1955년 미국 인종차별반대운동
❸ 아빠, 구름 위에서 만나요   1942년 폴란드 나치의 유대인 학살
❹ 베를린 장벽이 무너진 날   1989년 독일 통일의 첫걸음
❺ 게르니카, 반전을 외치다   1937년 스페인 게르니카 시민학살
❻ 소금 행진과 간디   1930년 인도 비폭력 저항운동
❼ 오월의 주먹밥   1980년 한국 5·18 민주화 운동
❽ 바다가 검은 기름으로 덮인 날   2007년 한국 태안 기름 유출